Caras amistosas

 HOUGHTON MIFFLIN   BOSTON

Contenido

¡A jugar!

por Susan Gorman-Howe
ilustrado por Sue Dennen

Yo lo hago así

por Susan Gorman-Howe
ilustrado por Anthony Lewis

8

Vamos a la escuela

por Susan Gorman-Howe

ilustrado por Maryann Cocca-Leffler

9

11

12

Me gusta

por Owen Marcus

ilustrado por Maribel Suárez

Me gusta .

Me gusta .

Me gusta .

Me gusta .

La familia de Bebé Oso

por Susan Gorman-Howe

ilustrado por Angela Jarecki

La fiesta

por Ron Kingsley

ilustrado por Yvette Banek

Me gusta el .

Me gusta el 🎁.

Me gusta la .

Me gusta el  .

Mm

por Dafne Davidson
ilustrado por Diana Schoenbrun

Mm

Mm

Mm

Me gusta la Mm

por Dafne Davidson

Me gusta la .

Me gusta el .

Mm

Me gusta el .

Me gusta el  y el .

Pp

por Dafne Davidson
ilustrado por Diana Schoenbrun

Pp

Pp

Me gusta la Pp

por Dafne Davidson

Yo

P p

Me gusta la  .

Pp

Me gusta el 🦃.

Me gusta el  y la  .

40

Listas de palabras